LES FINANCES

DE LA RÉPUBLIQUE

(Extrait du *Journal de la Haute-Saône*.)

VESOUL,

TYPOGRAPHIE DE A. SUCHAUX.

1881.

LES FINANCES

DE LA RÉPUBLIQUE.

LES FINANCES DE LA RÉPUBLIQUE.

Les amis et les flatteurs du pouvoir parlent sans cesse de la prospérité républicaine ; ils n'ont à la bouche que millions et milliards et s'en vont partout célébrant les dépenses qu'ils imposent au pays, les charges dont ils grèvent les contribuables. On dirait à les entendre que, depuis que les opportunistes sont nos maîtres, chacun a vu ses revenus doubler, que toute la politique financière consiste à jeter sans compter l'argent par les fenêtres et que plus nos gouvernants dépensent, plus le pays doit s'estimer heureux.

Examinons donc, puisqu'ils nous y convient par leurs imprudentes déclamations, ce que nos Chambres et leurs ministres ont fait de la fortune publique, ce qu'ils ont fait de ces ressources qui ne se composent en somme que de l'argent des contribuables, de ces ressources qui, au lieu de grossir l'épargne individuelle, vont s'engouffrer dans les caisses du Trésor, examinons en un mot les budgets de la République.

—o—

Les dépenses de 1869, le dernier exercice de l'Empire, s'élevaient à 1 milliard 901 millions.

Les dépenses de 1876, dernier budget voté par l'Assemblée nationale, montaient à 2 milliards 680 millions.

Les dépenses de l'exercice 1880 atteignent le chiffre de 3 milliards 482 millions.

C'est en résumé une augmentation de dépenses de 802 millions depuis 1876, de 1,581 millions depuis 1870.

Pour être juste, il convient de déduire de ce chiffre les charges que nous ont imposées la guerre et la Commune, les cinq milliards d'indemnité à la Prusse, la liquidation des dépenses de guerre, la reconstitution de notre matériel militaire et naval. Le tableau de ces dépenses a été dressé par un des députés les plus compétents de la Chambre, M. Haentjens, et il arrive à une charge annuelle de 500 millions.

Or nos budgets se sont accrus depuis 1870 de 1,581 millions. En en déduisant ces 500 millions, qui réveillent de si douloureux souvenirs, mais qui répondent à une impérieuse et fatale nécessité, c'est 1 milliard 81 millions que nos gouvernants dépensent en plus depuis la chute de l'Empire. 1 milliard 81 millions, plus de la moitié du dernier budget du gouvernement impérial ! 1 milliard 81 millions, une somme supérieure au budget total de 1829 ! 1 milliard 81 millions en onze ans ! C'est plus de 98 millions par an !

Sur cette énorme augmentation de 1,081 millions, 279 millions incombent à l'Assemblée nationale ; mais 802 millions doivent être portés à la charge de la dernière législature, à la charge des élus de 1876 et de 1877. — 802 millions en quatre ans, 200 millions de dépenses nouvelles par an, voilà l'œuvre de nos mandataires opportunistes, l'œuvre du gouvernement de M. Grévy et de M. Gambetta !

Mais, dira-t-on, de tout cet argent il a été fait un emploi utile, profitable aux intérêts du pays. L'instruction publique notamment a reçu d'importants développements. Certes le budget de l'instruction publique s'est accru dans des proportions considérables. Rien que pour l'instruction primaire, l'Etat dépense aujourd'hui plus du double de ce qu'il dépensait avant 1870. Quels résultats a-t-on obtenus ? Tout dernièrement un sénateur que le Gouvernement a le droit de mettre au nombre de ses amis les plus chauds, reconnaissait à la tribune que le nombre des enfants privés de toute instruction s'élevait sous l'Empire à 644,000 et qu'aujourd'hui il était de 627,000. C'est 17,000 enfants arrachés à l'ignorance : on ne peut que s'en féliciter. Mais notons que les sacrifices de l'Etat ont augmenté de 17 millions ; 1,000 francs par enfant ! A ce compte, l'avenir réserve encore de lourdes charges à nos budgets.

Il n'y a pas que l'instruction publique qui ait reçu de nouvelles dotations.

Voici les prisons : au budget de 1871, le dernier voté sous l'Empire, la dépense était portée pour 20 millions ; elle est de 25 au budget de 1882.

La sûreté publique, les traitements des commissaires de police, la subvention allouée par l'Etat pour la police de Paris et de Lyon demandaient alors 8 millions 978,000 francs ; ces services en réclament aujourd'hui 13,317,000. A la même époque, l'Etat contribuait pour 1,961,000 francs à l'entretien de la garde municipale de Paris ; aujourd'hui on inscrit de ce chef un crédit de 3,176,000 francs. En vérité, nos gouvernants coûtent cher à garder, et l'on serait en droit de se demander si c'est contre leurs ennemis ou contre leurs amis qu'ils prennent tant de précautions.

La fête du 15 août était autrefois inscrite au budget pour 200,000 francs ; celle du 14 juillet en coûtera 500,000. C'est la France qui paiera, sans compter les 350,000 francs que le contribuable parisien devra y ajouter de son côté pour la plus grande joie du conseil municipal.

Un chapitre qui a pris des proportions fantastiques, c'est celui des traitements. Au budget de 1871, les traitements de tous les fonctionnaires civils de l'Etat représentaient une somme de 253,328,000 francs ; en 1882, c'est 331,320,000 francs que nous aurons à leur compter. Soit 77,992,000 en plus, tout près de 78 millions !

Nos affaires en sont-elles mieux gérées, nos intérêts mieux administrés ? La main sur la conscience, nous le demandons à tout homme de bonne foi, nous en donne-t-on pour nos 78 millions ?

—o—

A ceux qui font remarquer l'accroissement inouï des dépenses de l'Etat, on répond que la fortune publique s'augmente tous les jours, que les impôts rentrent sans difficulté, que chaque année on signale des excédants de recettes.

Oui, on constate tous les ans des excédants de recettes. Dans la période de cinq ans qui s'étend de 1876 à 1880, ces excédants se sont élevés à 427 millions. Or, pendant la

même période, le Gouvernement a emprunté 1,895 millions.
Si nous déduisons de ces 1,895 millions les 427 millions
d'excédants de recettes, nous aurons la somme des dépenses
auxquelles le Gouvernement n'aurait pas pu faire face, s'il
n'avait eu devant lui cette ressource illimitée de l'emprunt,
la somme de l'excédant des dépenses sur les recettes, en un
mot le chiffre du déficit des budgets. Qui de 1,895 retire
427, reste 1,468. Cet excédant de recettes de 427 millions se
traduit donc en définitive par un déficit de 1,468 millions.
— 1,468 millions qu'il a fallu imposer à l'avenir pour
assurer l'équilibre des dépenses du passé !

Mais, sur cette somme de 1,468 millions, les travaux
publics, pourra-t-on objecter, ont reçu une large dotation ;
c'est notre outillage industriel que nous complétons, c'est
une simple avance qui nous sera restituée au décuple dans
l'avenir. Pendant cette période de cinq ans, les travaux
publics extraordinaires sont portés pour 1,039 millions. Oui,
c'est le chiffre apparent ; mais il faut l'examiner de près.
Dans cette somme figurent d'abord 330 millions pour le
rachat des chemins de fer, des lignes secondaires, telles que
la Vendée et les Charentes, qui constituent aujourd'hui le
réseau de l'Etat. Ces chemins de fer existaient : ils pouvaient
être onéreux pour les actionnaires ; mais ils rendaient au
public tous les services qu'ils lui rendent aujourd'hui. En
les payant 330 millions, les contribuables n'en ont tiré aucun
avantage nouveau : tout le profit a été pour les actionnaires
ou pour les spéculateurs avisés qui ont su habilement tirer
parti de cet acte de munificence du Gouvernement. C'est
donc de prime abord 330   à déduire de 1,039 mil-

lions. Il ne resterait donc pour les travaux publics pro-
prement dits que 709 millions. — 709 millions sur 1,468
millions, moins de la moitié !

Ce n'est pas tout. Chose étrange ! De tous les ministères,
celui des travaux publics est le seul qui voie son budget se
réduire annuellement. Il fond pour ainsi dire à vue d'œil :
en 1878, il était de 167 millions ; en 1880, il ne compte plus
que pour 163 millions ; en 1881, pour 143 ; en 1882, pour
134 ; c'est en cinq ans une diminution de 33 millions.
L'explication en est bien simple. C'est qu'on reporte au
budget extraordinaire tout ce qu'on supprime au budget
ordinaire ; c'est qu'on solde des dépenses normales, régu-
lières, annuelles avec les fonds qui proviennent de l'emprunt :
tout cela pour établir un équilibre fictif du budget, tout cela
pour arriver à obtenir de soi-disant excédants de recettes à
l'aide desquels on espère égarer l'opinion publique.

Ah ! il est curieux ce budget extraordinaire des travaux
publics. On y voit de tout, jusqu'à des traitements ; en 1882,
sur cette seule section, on peut en compter pour 5,133,500 fr.

Veut-on maintenant savoir la somme des emprunts réalisés
ou à réaliser par le Gouvernement de 1876 à 1882 ? Trois
milliards 221 millions, deux milliards 552 millions en dette
consolidée et 669 millions qui sont encore au compte de la
dette flottante. — Trois milliards 221 millions pour assurer
les dépenses de six exercices ! .

Mais, répondront les défenseurs du pouvoir, dans cette
même période on aura amorti pour 1,133 millions de dettes.
Il ne serait pas difficile de discuter ce chiffre et de montrer .

que, dans bien des cas, l'on s'est contenté de transformer
une dette à court terme en une dette à long terme, c'est-à-
dire d'en retarder l'échéance. Voilà souvent en quoi a
consisté l'opération à laquelle on tient à donner le nom
d'amortissement. Quoi qu'il en soit, nous admettons ce
chiffre de 1,133 millions. Qui de 3,221 retranche 1,133,
reste 2,088. — Deux milliards 88 millions, voilà au plus
bas mot le chiffre des emprunts dont nos gouvernants
demeurent responsables !

Il y a en France 8 millions de citoyens inscrits à la cote
personnelle, c'est-à-dire 8 millions de familles, 8 millions
de ménages : c'est 261 francs dont chaque famille, chaque
ménage est devenu débiteur pendant cette période de six
ans, grâce à l'administration prévoyante du gouvernement
de la République ; c'est 261 francs dont chaque famille,
chaque ménage est aujourd'hui redevable pour payer les
dettes qu'ont contractées nos mandataires.

— o —

Vous ne pouvez pas nier cependant, reprendront nos
adversaires, que les impôts n'aient été diminués depuis
1876 ? Oui, d'après les documents officiels, le chiffre total de
ces réductions s'élève à 286 millions.

Mais sait-on bien ce que nous payions en 1869 et ce que
nous payons aujourd'hui ?

En 1869, le total des impôts encaissés par le Trésor, et ici
nous prenons les chiffres qu'a établis lui-même M. le

Ministre des finances, montait à .. ...   1,652,500,000 fr.

 En 1880, il atteignait.............   2,768,000,000

       Différence.........   1,115,500,000

Nous payons donc aujourd'hui 1 milliard 115,500,000 fr. de plus.

Ainsi que nous l'avons vu, la surcharge qui est imposée annuellement à nos budgets par les désastreux événements de 1870 et de 1871 a été évaluée à 500 millions. Déduisons cette somme de ces 1 milliard 115,500,000 francs, il reste 615 millions 500,000 francs.

C'est donc 615 millions 500,000 francs que nous payons annuellement pour défrayer le luxe des dépenses républicaines, pour solder ces crédits de toute espèce que nous avons signalés. 615 millions 500,000 francs, voilà ce que nous coûte l'administration de ces mandataires économes qui se faisaient si petits autrefois pour solliciter nos suffrages, prêchant au gouvernement d'alors la prudence et la parcimonie, et qui n'avaient pas de colères assez violentes contre les dépenses exagérées de nos budgets !

Ce chiffre énorme de 615 millions 500,000 francs a permis à M. Haentjens d'avancer qu'un gouvernement soucieux des intérêts des contribuables eût pu facilement diminuer encore le poids de nos impôts de 300 ou 400 millions.

—o—

Résumons-nous :

Si quelqu'un a l'audace de vous dire que la République est le gouvernement à bon marché, répondez-lui hardiment :

Les dépenses de 1880 dépassent d'**un milliard cinq**

cent quatre-vingt-un millions les dépenses de la dernière année de l'Empire.

S'il avance que ces cinq dernières années ont donné des excédants de recettes de quatre cent vingt-sept millions, répondez-lui :

Le déficit réel de ces cinq dernières années est d'**un milliard quatre cent soixante-huit millions**.

S'il vous parle de trois cents millions de dégrèvements d'impôts, répondez-lui :

Nous payons aujourd'hui **un milliard cent quinze millions** de plus qu'en 1869.

Voilà les faits ! voilà les chiffres ! voilà la vérité !